Impressum

© 2020 Rosemarie Stampa
Idee und Gestaltung: Rosemarie Stampa
Layout: Rüdiger Richter
Herstellung und Verlag: BoD – Books on Demand,
Norderstedt
ISBN: 9783751994828

In
Liebe
und
Dankbarkeit
für
meine
Mutter.

## Vorwort

Durch meine Mutter bin ich
früh mit Klassischer Musik
und Literatur in Berührung
gekommen. Die „Holde Kunst"
in Musik und Dichtung ist mir
mein Leben lang Erbauung
und Kraftquelle geblieben.
Für mich ist ein Wort von
Hesse oder Goethe oder
ein Text aus der Bibel
eine Ermutigung oder ein
Trost in trüben Tagen.
Vielleicht erinnern Sie
sich beim Lesen an Ihre
„Begleiter", die Sie stärken
und aufbauen. -
Möge es so sein!

Rosemarie Stampa

Deus
Caritas
Est

(Gott ist Liebe)

Und
doch
welch
Glück,
geliebt
zu
werden,
und
Lieben,
Götter,
welch
ein
Glück.

Johann Wolfgang
von Goethe
„Willkommen und Abschied"

Ein
Tropfen
Liebe
ist
mehr
als
ein
Ozean
Verstand.

Blaise Pascal

Nicht
mit
zu
hassen,
mit
zu
lieben
bin
ich
da.

Antigone,
Sophokles

Glücklich
allein
ist
die
Seele,
die
liebt.

Johann Wolfgang
von Goethe

Wie
wohl
ist
mir,
oh
Freund
der
Seelen,
wenn
ich
in
deiner
Liebe
ruh'!

Schemelli Choral
Johann Sebastian Bach

Gott
ist
nahe,
wo
die
Menschen
einander
Liebe
zeigen.

Johann Heinrich
Pestalozzi

Der
Wunder
größtes
ist
die
Liebe.

Hoffmann von
Fallersleben

Liebe
ist
das
Einzige,
was
wächst,
wenn
wir
es
verschwenden.

Ricarda Huch

Liebe,
aber
wahrhaft!
Und
es
fallen
dir
alle
anderen
Tugenden
von
selbst
zu.

Ludwig Feuerbach

Freu
dich
nicht
so
sehr,
daß
du
geliebt
wirst,
als
daß
du
lieben
kannst.

Johann Kaspar Lavater

Die
Bewunderung
preist,
die
Liebe
ist
stumm.

Ludwig Börne

Wo
ich
Liebe
sehe,
ist
mir's
immer,
als
wäre
ich
im
Himmel.

Bernardo
„Erwin und Elmire"
Johann Wolfgang
von Goethe

Das
Größte,
das
dem
Menschen
gegeben
ist,
ist,
daß
es
in
seiner
Macht
steht,
grenzenlos
zu
lieben.

Theodor Storm

Wer
liebt,
lebt
da
wo
er
liebt,
nicht
da
wo
er
lebt.

Aurelius Augustinus

Nun
aber
bleibt
Glaube,
Hoffnung,
Liebe,
diese
drei,
die
Liebe
aber
ist
die
größte
unter
ihnen.

1. Korinther 13

Liebt
eure
Feinde,
tut
wohl
denen,
die
euch
hassen.

Lukas 6, 27

Macht
können
wir
durch
Wissen
erlangen,
aber
zur
Vollendung
gelangen
wir
nur
durch
Liebe.

Rabindranath Tagore

Ich bin
mit mir
selbst
versöhnt,
versöhnt
mit
dieser
armen
sterblichen
Hülle.
Es ist
leichter,
als man
glaubt,
sich zu
hassen.
Die
Gnade
besteht
darin,
daß
man sich
demütig
liebt.

Georges Bernanos

Gott
gab
seiner
Schöpfung
nur
einen
einzigen
Pfeiler:
Liebe.

Carmen Sylva

Musik
ist
Liebe.

Wolfgang Amadeus
Mozart

Die
Liebe
hat
eine
göttliche
Kraft,
wenn
sie
wahrhaft
ist
und
das
Kreuz
nicht
scheut.

Johann Heinrich
Pestalozzi

Die
Liebe
ist
der
Endzweck
der
Weltgeschichte,
das
Amen
des
Universums.

Novalis

Denn
das
Leben
ist
die
Liebe.
Und
des
Lebens
Leben
Geist.

„West-östlicher Divan,
Buch Suleika"
Johann Wolfgang
von Goethe

Tote
Gruppen
sind
wir,
wenn
wir
hassen,
Götter,
wenn
wir
liebend
uns
umfassen.

„Die Freundschaft"
Friedrich von Schiller

Amor
vincit
Omnia

(Alles besiegt die Liebe)

Vergil
Eklogen 10, 69

Nur
der
ist
etwas,
der
etwas
liebt.
Nichts
sein
und
nichts
lieben
ist
identisch.

„Philosophische Kritiken 2"
Ludwig Feuerbach

Sphären
ineinander
lenkt
die
Liebe,
Weltsysteme
dauern
nur
durch
sie.

„Phantasie an Laura"
Friedrich von Schiller

Die
Liebe
trägt
die
Seele,
wie
die
Füße
den
Leib
tragen.

Katharina von Siena

Was
am
meisten
Liebe
in
euch
weckt,
das
tut.

Theresa von Avila

Liebe
deinen
Nächsten
wie
dich
selbst.

Galater 5,14

Mensch,
was
du
liebst,
in
das
wirst
du
verwandelt
werden.
Gott
wirst
du,
liebst
du
Gott,
und
Erde,
liebst
du
Erden.

„Der Cherubinische
Wandersmann"
Angelus Silesius

Gott
achtet
mich,
wenn
ich
arbeite,
aber
er
liebt
mich,
wenn
ich
singe.

Rabindranath Tagore

Die
wirkliche
Liebe
beginnt,
wo
keine
Gegengabe
mehr
erwartet
wird.

Antoine de Saint-Exupéry

Herr,
mach
mich
zum
Werkzeug
deines
Friedens,
dass
ich
Liebe
bringe,
wo
man
sich
hasst.

Gebet des heiligen
Franziskus von Assisi

Ich
denke
nur
Musik.
Ich
bin
verliebt
in
die
Musik.

Johannes Brahms

Die
Liebe
ist
eine
gewaltige
Kraft,
sie
ist
die
einzige
unüberwindliche
Kraft
dieser
Welt.

Fjodor Michailowitsch
Dostojewski

Niemand
besitzt
die
wahre
Freude,
wenn
er
nicht
in
der
Liebe
ist.

Thomas von Aquin

Die
Liebe
will
nichts
von
dem
anderen,
sie
will
alles
für
den
anderen.

Dietrich Bonhoeffer

Unter den
Wonnen des
Lebens gewährt
die Musik
nur der Liebe
den Vorrang,
doch auch
die Liebe
ist Melodie.

Alexander Puschkin

Liebe
ist
eine
große
Ehrfurcht.

Augustinus Aurelius

Und
Suchen
nach
der
Liebe
Quellen,
daß
sie
das
Leben
uns
erhellen.

Rosemarie Stampa

Die
Summe
unseres
Lebens
sind
die
Stunden,
in
denen
wir
liebten.

Wilhelm Busch

Wenn durch
einen Menschen
ein wenig mehr
Liebe und Güte,
ein wenig mehr
Licht und Wahrheit
in der Welt war,
hat sein Leben
einen Sinn gehabt.

Alfred Delp

Unser
Herz
hält
die
Liebe
zur
Menschheit
nicht
aus,
wenn
es
nicht
auch
Menschen
hat,
die
es
liebt.

Friedrich Hölderlin

Wo
Liebe
neu
geboren
wird,
wird
das
Leben
neu
geboren.

Vincent van Gogh

Der
Wunder
größtes
ist
die
Liebe.

Hoffmann von Fallersleben

Einen
Menschen
lieben
heißt,
ihn
so
zu
sehen,
wie
Gott
ihn
gemeint
hat.

Fjodor Michailowitsch
Dostojewski

Nichts
tröstet
mächtiger
als
die
Gewissheit,
mitten
im
Elend
von
der
Liebe
Gottes
umfangen
zu
werden.

Johannes Calvin

Gott
bittet
uns,
ihn
zu
lieben,
nicht
weil
er
unsere
Liebe
zu
ihm
braucht,
sondern
weil
wir
unsere
Liebe
zu
ihm
brauchen.

Franz Werfel

Gott
ist
Liebe,
und
wer
in
der
Liebe
bleibt,
der
bleibt
in
Gott
und
Gott
in
ihm.

1. Johannes 4,16

Die
wichtigste
Stunde
ist
immer
die
Gegenwart,
der
bedeutendste
Mensch,
ist
der,
der
dir
gerade
gegenüber
steht.
Das
notwendigste
Werk
ist
stets
die
Liebe.

Meister Eckhardt

Wer
Gutes
tut,
kommt
zu
des
Tempels
Pforten,
wer
liebt,
betritt
sein
Heiligtum.

Rabindranath Tagore

Die
Liebe
hört
niemals
auf.

Brief des Paulus
an die Korinther

Liebe
kann
man
nicht
schenken,
wenn
man
sie
nicht
hat;
und
man
hat
sie
erst,
wenn
man
sie
schenkt.

Aurelius Augustinus

Man
sieht
nur
mit
dem
Herzen
gut.
Das
Wesentliche
ist
für
die
Augen
unsichtbar.

Antoine de Saint-Exupéry

Glaube
und
Liebe
und
Hoffnung
sollen
nie aus
meinem
Herzen
weichen.
Dann
gehe
ich,
wohin
es soll,
und
werde
gewiß
am
Ende
sagen:
„Ich
habe
gelebt."

Friedrich Hölderlin

Die
Liebe
ist
die
einzige
vernünftige
und
befriedigende
Antwort
auf
das
Problem
der
menschlichen
Existenz.

Erich Fromm

# Nachwort

In meiner Arbeit als
Psychotherapeutin habe
ich erlebt, daß nicht eine
bestimmte psychologische
„Schulrichtung" heilt, sondern,
daß es die Liebe ist. Die
liebevolle Anteilnahme
am Schicksal des
Hilfesuchenden und das
emphatische Zuhören heilt.
Viele Zitate aus meiner
Broschüre haben mir Kraft
und Inspiration gegeben.
Ich danke allen Schriftstellern
für die wunderbaren Worte,
die mir meinen Berufsalltag
erleichtert haben.

Rosemarie Stampa

## Danksagung

Ich danke vor allem
meiner lieben Mutter,
daß sie mir von Kindheit
an Gedichte vorgelesen
oder rezitiert hat und
mich sensibilisiert hat
für die Wahrhaftigkeit
in der Sprache.
Ich danke allen
Schriftstellern, die mich
mein Leben lang
begleitet haben und
heute noch begleiten.
Zu guter Letzt danke
ich meinem lieben
Neffen Rüdiger Richter
für die Mitgestaltung
der Broschüre.

Rosemarie Stampa

# Inhaltsverzeichnis